AF599732

Un abismo que no se canta

lasturaediciones.com
info@lastura.es

Colección Alcalima N.º 242
Dirige la colección: Isabel Miguel

Editado en Madrid, España

Primera edición: octubre, 2024

D. L.: M-22478-2024
ISBN: 978-84-128790-7-0

Impreso en Antequera, Málaga
Printed in Spain

Andrea Mazas

UN ABISMO QUE NO SE CANTA

Prólogo de Alberto García-Teresa

COLECCIÓN ALCALIMA DE POESÍA N.º 242

Y ser manchadas por la luz

Alberto García-Teresa

Puede sonar pretencioso declarar que de un buen poemario no se sale indemne. Para quienes entienden la poesía como una balda polvorienta de lecturas subrayadas para un examen o una maquinaria de engranajes de cementerio, que un libro de poesía sea capaz de afectarlos (en el sentido pleno) podría resultar inconcebible. Pero la poesía de Andrea Mazas está viva. Y nos apela, nos abraza, nos agita y nos conmueve. Y de qué manera. Recorrer sus poemas nos exige la entrega de quien se arroja de espaldas al mar y se deja llevar por el oleaje. Con confianza, pero también con la inquietud de asistir a lo inesperado.

Andrea Mazas despliega versos con una fluidez asombrosa, un léxico cercano y una precisión verbal certerísima. También con una habilidad espléndida para ajustar el ritmo a la cadencia que necesita cada poema. Sin fricciones, sus versos nos encaminan por calles cotidianas que, a primera vista, parecen bien iluminadas, pero los pasos van apreciando, poco a poco, el mantillo de vidrios rotos sobre los que marchan. Su poesía hiere, consuela, acompaña, incomoda y abruma precisamente porque nos coge del brazo y sentimos el calor de sus manos.

Mazas compacta su poesía. Levanta pacientemente poemas donde los versos encajan su tensión con concisa exactitud. Estremece asomarnos a su intensidad, a su detenida potencia. Pero, en otras ocasiones, rompe esas paredes y deja que las palabras desborden torrencialmente las oraciones y que se expandan regando referentes, ampliando el horizonte, conquistando sucesivamente nuevos campos semánticos. Vertiginosamente, la fuerza de sus versos nos arrastra, nos revuelve, nos empapa. Existe una orientación en su avance (el dolor), pero el hambre de expresión no se cansa de abrir y abrir nuevas evocaciones. Como un niño que recorre la casa con sus manos manchadas, Andrea Mazas toca con su potencia lírica todo nuestro alrededor dejando huellas de luz en múltiples lugares, vocablos e imágenes. En perspectiva, deja tras de sí una constelación refulgente que teje una atmósfera nítida y singularísima. No hay pretensión de niebla en su quehacer poético, sino una exploración diáfana que reconoce que la poesía pone en contacto todo lo real y lo que va más allá de nuestros ojos.

Un abismo que no se canta deja constancia de la poesía como necesidad de expresión, como vehículo para volcar, compartir y sanar. Por eso el "yo" de estos textos se angustia cuando no se ve capaz de transformar en palabras todo el daño que está recibiendo. Porque necesita de esa capacidad auxiliadora de la comunicación poética tras una situación extremadamente dura. Así, no resulta un ejercicio solipsista porque precisa de la empatía; de una persona que reciba, escuche y acompase su corazón con quien habla. Incluso cuando esa persona ya no está. Andrea Mazas conoce los peligros de aquel muro que las heridas y la tristeza pueden levantar alrededor de una. Pero también sabe que la poesía permite abrir huecos en su superficie, como quien excava las paredes de su celda, y también arroja cuerdas sobre él para trepar y superarlo.

Las páginas de esta obra nos presentan un poderoso bosque lírico rico en pequeños ecosistemas, repleto de árboles que nos abren, progresivamente, nuevos matices al observar con atención sus propios microuniversos. Pero sin perder la singularidad ni emborronar el entramado de las ramas. Una historia rodea cada pieza y permite que circule oxígeno a su alrededor para aproximarse con calma y respeto. Y, por debajo de todo ello, el sustrato sobre el que detenerse para apreciar la humedad que da alimento: la muerte, la ausencia, la memoria, el amor. La vida. Un poemario para no salir indemne.

Villa de Vallecas, agosto de 2024

Un abismo que no se canta

A mi padre,
por el cuento del bosque
por aquella rosa
por estos pájaros.

Para ti,
que entras en esta casa
que sigues aquí
que estás.

Sonreíste. ¡Qué silencio,
qué falta de fiesta!
¡Cómo me puse a buscarte
en tu sonrisa, cabeza
de tierra,
labios de tristeza!

"Boca de llanto", Jaime Sabines

/ boca de nadas insumisas

Cuando dentro de ti
levantas un muro
no quedas
en el lado bueno.
No hay modo
: eres el muro
y de todo te aparta.

Querría contar lo que me impide escribir, licuarme y verterme, servirme caliente, humeante, y apenas tengo cuajo y grumos.

Otra vez aquí el día. Llega a socorrerme, con sus prisas. La luz no espera y gana siempre. Derriba lo que me empaña y no es suficiente: quedo chorreando al otro lado de todo.

Debo abrir la ventana, saltar y bailar en los tejados, coger de la mano a la niña en las calles y correr, correr, correr donde ella me lleve, correr hasta que crujan las rodillas, y caiga y sea barro en el barro otra vez y no esta piedra con la que sí podría romper el cristal, quedarme a recoger los pedazos, cortarme y sangrar.

Querría contar lo que me impide escribir, el cuajo y los grumos. Y lo único que hago es

servirme otro café.

palabra-gubia
palabra-escalpelo
palabra-martillo
palabra-mazo

sobre

papel-linóleo
papel-víscera
papel-pared
papel-muro

¿qué culpa tiene
la poesía de mi ira?

¿qué culpa
el bosque
el agua
el obrero
el operario
el mensajero
el tendero?

¿qué culpa tiene
el mundo de mi ira?

¿qué culpa tengo yo?

contrólate, me digo:
no horades
no esculpas
no rasgues
no golpees
no derribes
el papel con tu palabra

deja la ira fuera de este diario
algún día podría salvarte

pero voy desbocada
abocada a la fractura
la palabra contra el papel
con fiereza, arrebatada
lo está taladrando

si algo
algún día podría salvarme
serían
estos rotos la rasgadura la brecha

la luz conquistando la grieta
a pesar de mí
conmigo

Una burbuja o una red
o una membrana
como un saco
amniótico
o una escafandra
o una película
de agua
o un trenzado
de aire
o una celda
de células
o solo es
nada
vacío
silencio
que cubre y tapa y empuja
hacia el fondo de todo
y subraya pero amordaza
el lenguaje.

Quiero pensar y solo tengo
esta peladura de palabras
estas cáscaras de ideas.

La pena no me deja pensar.
La pena no me deja pensar.
La pena no me deja pensar
las palabras que estoy llorando.

No me toco cuando escribo

soy una zarza un puercoespín
toda astillas de la fractura
una planta carnívora
con las trampas por fuera

No termino cuando acabo

los aguijones las crines
las esquirlas los dientes
quedan ahí, a la retaguardia
de mis palabras

como un ejército de mi conciencia

Cuando pesa el pesar
de noche miro al cielo
intensamente.
Intensamente trato
de pegar mis ojos a él,
apretar tanto la mirada
que se licue, verterla
sobre él ya zumo.
No es el cielo el mismo
cada vez, no lo es
la tristeza
mis ojos
la pulpa.
Es un espejo, el cielo,
un cauce de jugo,
o lo soy yo.
Tal vez esa estrella apuntó
a mí antes de morir y yo
caí con ella.
¿Quién la mira ahora
cuando yo me derramo en ella?
Tal vez ella sea lente o espejo
y yo el pesar de otros ojos.

¿Desde cuándo este cinturón
de lastre, esta tristeza tan mía,
desde cuándo y de quién?

Tal vez haga mal en no empezar por el principio
pero allí en bruto todo es oscuro y está al final
de la gruta que ha ido hurgando la vida.

A tientas he de recorrerla
espeleóloga de rodillas gateando
ciega y temerosa, mejor en silencio
en marcha atrás hasta el fondo
de algo que aún no me digo
porque las palabras se apagan
con mi aliento en este frío.

Esta gruta mía es como cualquier otra vía
sangre y cola, plasma y cuchillo
una calle de densa niebla y la tensa cuerda
que me une a todos y me salva de la caída.

Tal vez haga mal en volver callada al inicio
a sajar las preguntas que necrosan los recuerdos
desbridar una a una las heridas mal curadas
descubrirme la frágil osamenta con que persisto.

Con el balido de palabras
delicadas blancas inadvertidas
que no pronuncio todavía
enciendo una antorcha
al fondo de esta gruta.

Sombras, por fin.

Existo.
De mi torpe paso, su danza en la roca.

En los ojos tiembla una niña.
No es miedo, no lo conoce. El frío.
Es dulce la nada crepitante,
la partitura de mi silencio.

Que no me falte el aire. Que no
sea yo quien apague este fuego
con el aire de las palabras
cuando por fin hable.

Cruzo de un margen a otro
sola
un puente quebradizo
sobre un río de aguas turbias.
Enhebrada en el ojo de la niebla.
Cose mis ojos al paisaje ciego.
Los pies al vacío.
El camino es solo
el paso que doy ahora,
dónde.
Enciendo un fuego
con el esqueleto blanco de vaho
de las palabras mudas que boqueo.
Soy una antorcha diminuta
en el vientre de este silencio,
feto en su bolsa de incertidumbre.
Puja. ¿Quién se estremece?
Soy tan pequeña.
Respiro con los pulmones de la noche.
Ella está de parto. Y yo
ya puedo tocar mi cabeza.
Estoy naciendo en este puente
sola
y nadie escuchará mi llanto.

En la garganta
un muro de silencio.
Un recuerdo es un alud.
Me resquebrajo y cae
peñasco a peñasco lo no dicho.

Lo no dicho.

La montaña vencida revienta
la boca de nadas insumisas.
La tristeza me ahueca.
Hace en mí espacio
para alojar la ausencia.

Tan ligera yo,
así de llena de ti sin ti,
como la palabra adiós.

Le he perdido el pulso a la palabra, sí. Están todas desperdigadas, piedras al sol, mojadas, brillantes, en esta playa. Qué hermosa y cegadora visión, sí. Moldes son solo y se clavan. Palabras sin pulso, huecas, rotas, deshuesadas. Ahora también la marca de su silencio en los pies. Nada dicen o estoy sorda.

Qué poco avanzo pese al dolor, qué terco este silencio, qué bruta yo caminando sobre la nada hacia la aparente nada.

Camino y no dejo huella. Qué silencio y qué solas mis palabras, que ni el murmullo del mar acogen. Ay, yo, que me creí pescadora o batea. Ay, yo, que me sé ya agotada, sí, en el lamento.

Pero esta es la llama y la vela, una esperanza como un grano de arena. Porque a la vencida hasta el mar molesta y yo estoy aquí, aquí me tengo, empeñada más que nunca en contar todas las olas.

| *boca sin mordida desbordando eco*

Demolieron la casa y murió papá:

el verdín avanza
en el muro blanco del recuerdo.

Cuando se abandona una casa
se echa la llave. Se echa la llave
como si de ese modo fuera posible
evitar que acabe por derrumbarse.
Antes se mira dentro,
con los ojos como linternas
de espeleólogo.
Se elige una guirnalda de detalles
que alumbren la memoria.
Con la luz de la nostalgia
se quita polvo a los trastos
y se vuelve a poner sobre ellos
una pátina del cariño de otro antes.
Escribe esa mirada
el prólogo del recuerdo que se elige.
Esa mirada, que es la llave
y son las alimañas que roen
los cimientos en que asiente
la casa que se abandona,
la casa bajo llave
ahí fuera del pensamiento,
a la intemperie ahora ya
sin la lumbre de las palabras.

Si tu habitación tuviera una ventana,
si un horizonte claro tuviera ese cuarto,
blanco como tu silencio y tus gemidos,
quirúrgico como esta larga espera,
si la tuviera, en ella estarían acurrucados,
ala con ala, todos los pájaros que liberaste
que a esta llamada han vuelto,
todos a los que tu mendrugo diste
que siguen con hambre.
En ella estarían todos, silbando
una nana para tu sueño y versos
para que no sufras.
Pero como ese cuarto no la tiene
están todos en tu pecho juntando ramitas.
La ventana, padre, es tu frágil corazón.

Te dije que volverías a casa
cuando la luna estuviera llena.
Y la luna creció y creció
y siguió creciendo y después
menguó de nuevo y con ella
también menguaste tú
y empezó esta noche sola
esta falta de luna
este nunca, este siempre.
Te dije que volverías a casa
conmigo con la luna llena
y no cumplí mi promesa.

Fuego. Estoy pensando en el fuego. Porque mi padre quemó a Cristo. Porque mi padre dibujó sobre mi rosa infantil un cementerio. Porque de mi padre, más que las cenizas, queda esta llama.

Fuego. Pienso un incendio. Estoy ardiendo.

Yo fui la niña
que quiso ser dragón
porque el animal era
amor y fuego
lucha, ímpetu, fantasía
alas, posibilidad y fuerza
era magia y quimera
y más amor y más fuego.

Yo quería serlo
creí serlo
tal vez lo fui
alguna vez
entre algunos más.

Fin del juego.

A mi hija le regalaron
un libro de dragones
en el tanatorio.
Allí estábamos los tristes
las plañideras, los incrédulos
la niña, las niñas, el féretro
y el pop-up de dragones.

Dónde está, así se llama.
Está aquí, el libro
con los demás cuentos
pero no el dragón ni la niña
que quiso serlo
y quizá fue.

En la misma llama
están ardiendo
la niña y el dragón
con el cuerpo de mi padre.

En el libro de familia, nombres y números.
Nada sobre la risa. Nada sobre el llanto.
Nada sobre el luto salvo la tinta
en el papel ya amarillo.
La caligrafía es pulcra y civil,
como los funerales.
Es un chiste malo, humor negro,
que en tan sobrio tomo no haya
un carril, un párrafo, un anexo,
un margen, un papelito doblado,
qué sé yo,
entre tu nacimiento y el mío,
con las palabras que no dije,
estos cristales,
la rosa que lancé sobre tu féretro,
tu rostro frío, mi fiebre,
la negación, un palmo de tierra,
el regreso sin ti a casa,
tu falta en todo.
No queda espacio en el libro de familia
para esta fe de erratas, mi queja pueril
de lo poco que cuenta de nosotros.

Estoy en tristeza creciente.

Estos días te he echado más en falta. No sé si la tristeza me hizo pensarte más, o si te pensé más y me envolví de tristeza. No sé qué ha sido antes, qué tristeza antecede y cuál es estela. Intuyo que tu falta es un vacío de tal enormidad que vivo en él, dentro de él, con él, para siempre.

Distraigo la gran tristeza con tristecitas. Le echo migas de tristeza para que quede junto a mi mano dadora y no vuele, como tú, padre, también. Tal vez me pase con la comida y la tristeza engorde tanto que su cuerpo pesado no admita ya el vuelo y se quede conmigo para siempre.

Debo tener cuidado. No debo acomodarme en la tristeza. Si lo hago, quedará poco espacio para el amor, y el amor, también el que siento por ti, se funda en la bondad y la alegría.

Le he dado de comer generosamente. Ahora debo retirar mi mano y animarla a volar, para que solo quedes tú, mi padre sin mi tristeza.

Mi tristeza nunca fue de ti. Ahora tampoco puede serlo. Si dejo que la tristeza me empañe, lo desenfocará todo: recuerdos y presente.

Ojalá leyeras estas palabras y te rieras de mí, de mi añoranza.

Ojalá me cogieras la mano con tu mano suave y fuerte, y la apretaras una vez, sin decir nada, como solías, asintiendo todo.

Ojalá me despertaras mañana.

Ojalá una llamada de teléfono.

Ojalá escucharte, verte, tocarte.

Ojalá estuvieras vivo mañana.

A veces contra todo mi carácter
me salvo con magia y lo pienso
más arriba o más abajo
y aquí a mi lado en todas partes
tranquilo en la muerte, asumida ya
reconfortándonos, diciéndonos
con el lenguaje de los muertos
estoy bien, vivid (os espero)
(os quiero).

Pero el lenguaje de los muertos es sordo
y pétreo, una piedra hueca, vaciada de voz,
una losa bajo la que no hay tierra,
un muerto en tumba vacía.
Es eco dentro del eco: ¿cuál es la voz original?

Soy ventrílocua en el recuerdo de mi padre.
Traigo su voz a mí, me lleno de su silencio.
Soy una boca sin mordida desbordando eco.

Decías que hablaba demasiado
que era mejor que ciertas palabras
no se dijeran, que yo callara.
Lo decías cuando ya te había contado
ciertas cosas que hubieras querido no escuchar.
Pero ya están dichas y te las has llevado.
Por tu gesto sabía que mis palabras
algunas, demasiadas, todas quizás
eran obscenas, que no debía ser
tan agua ni tan fuego
una hija con un padre
pero lo fui y he quedado
líquida y en llamas.
Ahora te escribo y no maldices
o tu tijera es
este silencio que pesa un cielo.
Te escribo cuando pasa el relámpago
en la nada diminuta a la que me arrastra
tu ausencia desde el ombligo.
No es un decir y no exagero.
Escucha:
me jala desde dentro hacia dentro de mí
y más dentro.

No hay luz aquí, está oscuro,
ni sangre.
Floto por encima del dolor,
lo avisto como si fuera la Tierra.
Floto entre la rabia y la ignorancia
en un triángulo entre Dios y Nietzsche
dentro de una lágrima.
Floto por encima del dolor sorda
porque pienso estas palabras y no maldices.
Porque no lo haces, me lanzo
sin paracaídas ni red sobre ellas
y las escribo, te las escribo a ti
para que me escuches
y tu silencio que pesa un cielo
no caiga sobre mí.
Escribo para que no quedes
muerto en todo.

Cae sin filtro la luz esta mañana
el cuerpo del frío en todo
el perfil del tronco
el cuchillo en la rama
los árboles como soldados
del invierno en la frontera
entre lo que es y lo anhelado
el paisaje escuadrón
queriendo cerrar el paso
a los ojos
desplazados.
Cae la luz sin filtro esta mañana
el esqueleto de lo vivido
la memoria desplegada
el dedo en alto apuntando:
no inventes otro recuerdo.
El calor en este punto,
mira bien,
como el primer fuego o el misterio
como una isla y el tesoro
como una promesa como agua.

El calor aquí,
mira bien y no finjas,

como el amor como
la paz.

Cuando la tristeza es tan profunda, me mantiene a flote la alegría de lo vivido.

Estoy así, sin moverme, conteniendo la respiración, panza arriba, sobre una balsa de momentos, tratando de

entender, creer, asumir.

Mi padre ha muerto. Mi padre. Ha muerto.
Ya nunca. Y él nunca había estado
tan aquí, tan conmigo como ahora. Ahora,
un mundo en que él no está, no está
en ninguna parte, ahora y ya así siempre.
Así siempre, mi padre en ninguna parte.

Lo echo en falta en todo. En todo.
Lo pienso, porque pensarlo es
mi forma de comunicarme con él.
Háblame, le digo. Asústame. Habla, repito,
y yo le cuento mi infancia otra vez.
Lo pienso así, todo el rato, todo el rato
para no dejarlo solo en la muerte.

Y solo me escucho a mí. Como siempre.

No es que lo quiera aquí: lo necesito en mí.
Necesito en mí a mi padre, a mi padre
que ha muerto, que no está en ninguna parte,
que no quiero que quede así, tan solo,
para siempre, muerto.

Me valdré de la poesía
para mantener firmes las costuras.
Que no se desprenda. Que no caiga de mí,
como otro botón.
Lo necesito para abrocharme, si aprieta el frío.

\ *boca verde, tierna y cierta*

Empecé alzando un muro
tras el que esconderme
y lo adorné
para no creerme sola
y quedó tan hermoso
que levanté tres más
para encajar el silencio
y sus palabras
y precintar los rotos
y sus ritos
y pinté su dentro
con pincel plano
y no bastó
mi púber obra
para de mí estar
a salvo o evitar
mi leve quiebra
no más muros
: que mi palabra no sea ya
ladrillo, palé o losa

que la celda que levanté
mi maza la derribe.

para escribir sobre la luz son precisas
muchas horas de vuelo oscuro

hay en los poemas felices
un abismo que no se canta

Los primeros días lo envolvía todo,
la luz, mis ojos, la piel, la calle.
Todo lo llenaba y todo lo vaciaba.
Luego la fui tomando a sorbitos y,
aunque la removiese con suavidad,
el trago era de espinas.
Ahora es una vía, una sonda
que me nutre inadvertida
pero tan en todo sin cesar,
un pesar y un gracias,
un globo y una aguja,
calma y vendaval.
Es esta playa en que paseo
a veces ya confiada y me atrevo
a mojar los pies, y luego camino,
casi en paz, hasta que me tumba
otra vez la ola.
Soy un bebé en la ausencia de mi padre
aprendiendo a caminar sin él
para estar con él de otro modo,
con la idea de su mano sosteniéndome
pero sin ella.

No me beses aún,
no vaya a mancharte.

Tira de cada hilacha
        de mis disfraces, de las historias
        que me conté para dormir
        y de tus relatos
        del recuerdo azucarado de lo visto
        de mi memoria del desgarro
        de la crisálida de mi esperanza
        de la trenza de lana sobre mi alegría.
Mírame
        en mis huesos
hasta el crujido del espejo de los ojos.

Todavía no.
No me beses aún,
no vaya a cortarte.

Aguarda un poco más.
Está saliendo, la siento.
Se abre, ya crece la boca
con que quiero darme
verde, tierna y cierta.

El tallo sabotea ya
a las esquirlas.

Espera, ya vengo, suave,
madura, a besarte entero,
sin dolor ni herida,
solo remiendo y sutura,
sin pena.

Ya vengo, ya vengo,
ya casi.

No me beses aún.
Espera.

Todos duermen. Yo no puedo.
En la terraza fumo. Es un barco.
La ciudad dormida, mar tranquilo.
Las luces en algunas ventanas
son faros. Me siento costa y abismo.
Tal vez alguna otra mujer
que no duerme en un faro piensa
que tal vez una mujer fuma en su terraza
porque tampoco puede dormir.
Alumbra y guía desde su faro
a esta mujer costa y abismo
en mi terraza. Me basta su luz
para no estar sola. Mañana tal vez
yo sea el faro y ella escriba esto.
Dejaré dispuestas mis velas.

No recuerdo cuándo empecé a pensar
en el mar para conciliar el sueño.
Cerrar los ojos para llegar a una playa
y caminar hacia allí-allí-allí.
¿Lo conoces? ¿Sabes dónde digo? Yo tampoco:
siempre me quedaba dormida antes de llegar.
Avanzaba, con el agua siempre a mi derecha
pero el mar no era el mar sino un abismo
y yo avanzaba, avanzaba, avanzaba
¡pero qué paz pese al mar o por su abismo!
Avanzaba como si fuera a entrar
en una luz naranja
en una madeja naranja
en una tumba naranja
en una naranja.
Y no sé si entraba o no, si todo era
naranja o de otro color o de ninguno
porque siempre me quedaba dormida
antes de llegar.
Sí recuerdo cuándo empecé a pensar
en mi padre para conciliar el sueño.
Cerrar los ojos para llegar a su casa
y caminar hacia él-hacia él-hacia él.

¿Lo conociste? ¿Sabes quién digo? Yo sí:
es una luz naranja
es una barca naranja
es un cielo naranja
y un campo de naranjos.
Avanzo, avanzo, avanzo hacia él
¡y qué paz porque el mar
ahora es mi padre y no un abismo!

Como aquellos árboles
tan separados pero.

Así me dispongo a pensarte:
sorteo lo más oscuro
descarto lo inhóspito
aplaco el ruido
despisto a las arañas
enciendo la hoguera
donde la pena no campa.

Como aquellos árboles
tan separados nosotros
silencio niebla tierra
silencio agujero nada.

Recorro el contorno
de un recuerdo al azar:
pruebo allí, pruebo también
ahí.

Exacto, me detengo
: aquí.

Ya parece que nos tocamos.
Ya las ramas de mis ideas rozan
el ramaje de tu cuerpo extinto
imposible, acabado.

Ahí es, ahí estamos
los dos de nuevo.

Uno dos tres segundos.

Ahora me basta:
mi vida y tu muerte
no nos separaban

allí.

Si con escribir puedo
salvar un día del silencio
de lo mediocre, de la ruina
de la temida mía nada.
Si con escribir puedo
salvar un día y un día
y otro tras otro lo logro,
¿creeré el último
que tuve una vida plena?
Tal vez sí. Tal vez. Sí:
tejo una red de palabras
por si la memoria cae al vacío.

Algunas verdades necesitan ciertas ausencias para revelarse. Escribir así, por esa urgencia, porque entre las palabras puedo fingir soledad. Tan fácil es creerme sola en ese hueco.

Palabras para que la huida no sea necesaria.

Palabras que a la muerte bajan unas líneas.

No un templo sino una casa
de paredes altísimas
sin techo
todo muy blanco
o muy azul
con dormitorios baño cocina pasillos armarios
y ventanas amplias y abiertas
y un balcón o varios
y un jardín o varios
un bosque una playa
un camino y una montaña
y fuego, que no falte el fuego
en un gran salón de luz como una orilla
en que reunirnos todos de nuevo
algún día sin hora ni edad ya
en torno a una mesa
dispuesta ahora como siempre y como nunca
con el mismo pan que amasaron estas manos,
con todo lo preciso en suma
para que en la muerte no te sienta extraño.
No un templo sino una casa,
ese es mi propósito:
levantar palabra a palabra
un lugar donde vivas siempre.

— boca de risa, y canto

No contaba la muerte
con esta forma mía de pensarte
pensarte, pensarte, pensarte

y escribirte.

La tristeza viene muchas veces. Dice sus cosas, lo revuelve todo, te deja con su palabra en tu boca, la última, y se va. Y yo la escribo. Porque no quiero ya su muro de palabras sobre la lengua. Porque con la boca llena no me río bien. Y yo lo que quiero es

reír, celebrarnos.

Nací sin más y crecí sin pensar que lo hacía.
Me enamoré y él me amó y me sentí eterna.
Rompí aguas, di a luz y me supe
terriblemente mortal.
Ahora huérfana, caída libre: los días son
un precipicio mágicamente luminoso y oscuro:
no tengo miedo a morir porque mis muertos
y tengo miedo a morir, tanto
miedo a morir porque mis hijas
porque el amor, porque la luz.

Cuando yo me muera
no quiero una misa.
Sí palabras,
a ser posible dulces,
bellas, no impostadas
de quienes me quisisteis
bien y me amasteis,
tan pocos.
No digáis tonterías al uso
ni uséis frases hechas
para reconfortaros
los unos a los otros
sin amor ni auténtica piedad.
No ocupéis lugares comunes
ni pequéis de originales
pues mi muerte es asunto serio
como este quizá pueril poema
de pequeñas últimas voluntades.
Cuando yo me muera
no quiero un entierro.
Sí una fiesta.
No una celebración
(joder, habré muerto)

pero sí una fiesta
para vosotros.
Bebed y comed en ella,
emborrachaos, bailad,
reíd, sí reíd,
aunque sea llorando.
Inflad globos y pinchadlos.
No soltéis palomas
que antes habríais de apresar
ni cortéis flores en mi nombre.
Vestid los colores que la muerte borra.
Y cantad, cantad solo para mí,
una última canción.
Cuando yo me muera
no quiero una misa.
Sí a vosotros.
Venid a erigir un recuerdo:
vuestras palabras o mi fiesta.
Venid y llevadme.
Cuando yo me muera
no quiero que me dejéis
en la muerte sola.

Es, quién sabe,
las dos, quizá más tarde,
hace frío o calor,
es invierno o verano,
cada cual en su cama,
y la voz de la radio,
como un hilo,
hilvana los dormitorios
desde el suyo: papá está
en casa, la casa sigue
dormida en esa paz.

La deriva es inevitable
pero tengo barca y flotador y faro
y provisiones suficientes
para llegar a una isla
y dibujarla en mi mapa
: estoy bien, y canto.

En la mesa en que escojo las lentejas.
En el butacón en que voy
apilando las prendas ya dobladas.
En la cama en que hago el amor.
En la entrada y en el cuarto
del fondo del pasillo.
En el suelo.
En el banco del parque en que juegan mis hijas.
En el tren en que voy al trabajo que detesto.
En la sala de espera del dentista
y del cardiólogo y del obstetra.
En la enfermería, y en la última fila
de una iglesia.
En aquel campanario. En aquellos pueblos.
En el dormitorio de mis padres.
En la terraza en que me senté a esperarte.
En el balcón de las amigas.
En la pausa. En la noche. Cuando amanece.
Durante la tormenta y tras la lluvia.
En otoño. En invierno. En primavera.
En verano menos.
En el paritorio no pude. En el puerperio
mucho y ahora.

En el tanatorio no pude. En el duelo
sí y ahora.
En el bar en que perdí a un amigo
para siempre.
En el portal en que despedí al primer amor
para siempre.
En el hostal en que desnudé al último
para siempre.
En esa playa. En su barca. En aquella isla.
En el mirador y aquí, tan abajo.
Después de besarte, tan arriba.
Mientras lloraba, pecho oprimido,
pero no cuando reía.
Muerta de sueño y tan despierta
como ahora.
Muerta de miedo y tan tranquila
como ahora.
Tan sola como estuve y ahora.
En las afueras, en el centro y sobre los mapas.
Sobre la pauta y en el margen.
En el frente y a la vuelta.
He escrito donde fui feliz,
donde sentí la pena,

donde hice promesas,
donde las rompí y me rompí,
donde traicioné, donde quise
y cuando pude,
donde el dolor me partió en dos
y la esperanza me cosió al camino.
He escrito donde la vida,
donde más cerca estuve de la poesía
que de ser poeta.

Quién lo hubiera dicho.

La vida sigue
con sus dulzuras
sin ti.

ÍNDICE

Esta edición de *Un abismo que no se canta* terminó de imprimirse en Antequera, Málaga, el 14 de octubre de 2024, fecha en la que se celebra el Día de las Escritoras.